欽定四庫全書　集部八

梅花百詠　總集類

提要

臣等謹案梅花百詠一卷附錄一卷元馮子振與釋明本倡和詩也子振字海粟攸州人官承事郎集賢待制以博學英詞有名于時明本號中峰錢塘人住鴈蕩村姓孫氏出家吳山聖水寺得法于高峰原妙禪師屢辭名

山主席屏跡自放時趙孟頫與明本友善子振意輕之一日孟頫偕明本往訪子振子振出示梅花百詠詩明本一覽走筆和成復出所作九字梅花歌以示子振遂與定交是編所載七絕百首即當時所立和者是也後又附春字韻七律一百首則僅有明本和章而子振原唱已不可復見矣宋史藝文志載李縝梅花百詠一卷久佚弗傳子振復創為之

才思奔放往往能出奇制勝而明本所和亦頗琱鏤盡致足稱合璧聯珪令明本所著中峯廣錄傳本甚尠而子振著作則惟元文類諸書畧見一二全集久已湮沒無存此集雖游戲之作而半爪一鱗猶可以窺見崖畧其詩別本亙有同異東閣梅一首中峯和章原闕而別見于韋德珪集

國朝夏洪基為之訂正校刊頗有依據今亦並

仍之焉乾隆四十三年七月恭校上

總纂官臣紀昀臣陸錫熊臣孫士毅

總校官臣陸費墀

欽定四庫全書

梅花百詠　　　　　元　馮子振

釋明本　撰

古梅

天植孤山幾百年名花分占逋翁先只今起草新栽樹

後世相看亦復然

和

起如虬柏臥如槎猶吐冰霜度歲華山月江風常是伴

不知園館屬誰家

老梅

古樹槎牙鎻緑苔半生半死尚花開不須更問春深淺
人道咸平手種來

和

種花年少負幽期歷遍風霜不計時顧我今居丈人行
願遺清白蔭孫枝

踈梅

數個冰花三兩枝東風點綴特新奇黃昏照影臨清淺
寫出林逋一句詩

和

依稀殘雪浸寒波桃李漫山奈俗何瀟灑最宜三二點
好花清影不須多

孤梅

標格清高迥不羣自開自落傍無鄰天寒歲晏冰霜裏
青眼相看有幾人

和

獨抱冰霜歲月深舊交松竹隅山林英姿孑立誰堪托

惟有程嬰識此心

瘦梅

冰削輕肌雪削膚天然風致在清癯鮮知桃李難相匹

祇為生來骨格麤

和

冰肌如削怯寒威天賦清羸可得肥我亦詩癯被花惱

玉人渾欲不勝衣

矮梅

不放冰梢幾尺長怕分春色過鄰牆大材未必難為用禹殿雲深鎖棟梁

和

籬落盤根枕水坡月低清影舞婆娑青衣童子慳三尺花底相逢唱短歌

蟠梅

屈幹廻枝製作新强施工巧媚陽春逋仙縱有心如鐵
奈爾求奇揉矯人

和

鐵石芳條誰矯揉從教曲折抱天姿龍蛇影碎玲瓏月
交錯難分南北枝

新梅

幾年雨露栽培得此度春風始著花為語東君加愛護
要看老樹放橫斜

和

幼玉嬌姝欲效顰初花小試一年春花前明月無今古
花下詩人非古人

早梅

從來花發先羣芳又向叢中獨擅場畢竟先開定先落
爭如雪裏更馨香

和

攙先開遍向南枝不是清閑刻骨時好似洛陽年少客

香腮霜雪上頭遲

鴛鴦梅

並蔕連枝朶朶雙偏宜照影傍寒塘只愁畫角驚吹散片影分飛最可傷

和　張澤民有律詩其首尾四句與此大同小異

采采雙花對錦機翠禽同夢月交輝有情一處隨流水莫被風吹各自飛

千葉梅

密瓣重重玉作圍就中消息孰能窺待看水月澄明際
髣髴觀音變現時

和

密攢玉瓣費神工什百春藏一朶中雪壓鮫綃花骨冷
故教重疊護東風

寒梅

山中萬木凍欲折林下幽芳獨自香怪底孤根禁受得
就中原有鐵心腸

和

北枝偏愛雪霜多無奈蜂媒凍損何一任玉奴呵手折
芳心元自抱陽和

蠟梅

洗却鉛華扮道裝檀心淺露紫香囊從今宮額翻新樣
變作眉間一點黃

和

金玉同盟破雪開清香異色滿瑶臺不因蜜滓將花染

安得蜂黄點額來

綠蕚梅

蕋珠宮裏小仙娃暫別椒房抑翠華底事塵緣猶未斷謫來人世作名花

和

翠袖籠寒映素肌靚粧仙子月中歸露香清逼瑶臺曉隱約青衣侍玉妃

紅梅

春風昨夜入南枝浹髓淪肌釋凍威和氣曉來無著處
滿空散作彩雲飛

和

清標何事厭鉛華故染臙脂妬杏花幸得枝頭香髣髴
不然流落作凡葩

臙脂梅

搗碎春風紅守宫花房芳信一時通漢庭佳麗三千女
豔抹濃粧總是同

和

濃粧出色染芳林春入肧胎造化深非是玉顔凝酒暈

也知紅粉有丹心

粉梅

玉妃手碾白硃砂散作春風六出花夜半月明霜露重

㶉襟清淚溼鉛華

和

玉容有似傅鉛華濃抹臙脂未足誇白面何郎不須拭

揚州清賞壓瓊花

青梅

紛紛衆口利餘甘之子胡為獨嗜酸滋味自緣清苦得

傍人何必把眉攢

和

纍纍酸實釀餘春小摘枝頭可薦新之子深能保貞固

中含天地發生仁

黄梅

青子初肥色半鮮綠陰深處壓枝懸日長幾陣簾纖雨
正是江南四月天

和

青子纔過遍綠陰轉頭紅綻又垂金未應功到和羹妙
更為蒼生作大霖

鹽梅 宜改詠和羹梅

滋味由來貴適勻五行兼備始為珍如何當日和羹命
畧不曾言甘苦辛

和

熬波翻雪子青青鷗鷺同登要適鈞何代無賢如傅說
太羮不和味尤真

未開梅

重重椒萼護輕寒不放春心一點閒可是花房芳信晚
故應緘密待春還

和

緘春蓓蕾冷含烟絳蠟封香信暗傳姑射怯寒猶掩袂

眼前惟見蕋珠寒

乍開梅

土脉陽回氣候新椒房微露一分春想應未識君王面
猶自含羞效淺顰

和

暁粧初試薄寒侵漏洩春機想未深昨夜椒房花蕋小
為誰索笑露芳心

半開梅

暖入南枝氣未匀笑含芳意待餘馨相看絕似瑶臺夜
斜掩重門認不真

和

一片芳心早破寒踈英向暖點酥乾却愁爛漫成揺落
春色平分正好看

全開梅

玉臉盈盈總是春都將笑色媚東君道人放鶴歸來晚
月下看花似白雲

和

瓊姬小隊遍深宮
滿面春生大笑中
畢竟花房羞半掩
一齊分付與東風

落梅

誰家吹篴苦悲涼
斷却佳人鐵石腸
回首淚痕看不得
離情分付返魂香

和

風樹飛瓊舞遍時
春初早賦惜花詩
家童輕掃庭前雪

莫遣香泥汚玉肌

十月梅

向暖攙先泄化機花開正屬小春時時人莫訝陽和早好向初爻畫上推

和

年年開占小春時點綴湖山景最宜造化流芳何太早無陽安得有南枝

二月梅

高標曾占百花魁春半纔開何太遲畢竟東君有深意
等閑桃李莫相欺
和
臘蓝開遲到四陽丈人殿入少年塲凡花一見應相妒
肯對東風聘海棠
憶梅
迢迢春信隔江南寂寂芳盟負歲寒青鳥不來仙夢杳
月明空自倚闌干

和

夜分明月是揚州尚有春風在樹頭莫怪當年何水部

歲寒心事與誰愁

探梅

聞道春還已有期遠來花下立多時南枝覔遍無消息

借問花神知不知

和

踏破溪邊一徑苔好山秀水少人來梅花開處憐無伴

笑折新枝當酒杯

尋梅

行過野逕復溪橋踏雪相求豈憚遙何處藏春春不見
惟聞風裏暗香飄

和

上春有約覓南枝水竹人家遍扣時一任灞橋風雪冷
蹇驢破帽不因詩

問梅

一別羅浮幾度春歲寒心事許誰論風清月白三更後
更有何人同扣門

和

寄聲湖上舊花魁曾有逋仙行輩來青鳥經年芳信杳
春風笑口為誰開

索梅

城南地暖花開早見說君家滿樹春昨夜雪寒詩思好
一枝分贈苦吟人

和

幽探名花謝俗氛幾回東閣挹清芬掇來盈盎難為色
萬玉枝頭早見分

觀梅

踏雪尋君一頃難山窗清夜喜盤桓花神應有心如鐵
肯厭吾儕冷眼看

和

月下相逢認未真曉來標格愈精神林逋仙去芳盟冷

誰是花前具眼人

賞梅

對花呵凍寫新吟吟罷還將酒自斟不比西園豔桃李

等閒開落費千金

和

愛花終日對瓊林飽玩豪吟興趣深檀板金樽非樂事

此心清白是知音

評梅

屈子騷經遺不録石湖芳譜謾俱收試憑西掖攀花手
題向百花花上頭

和

月旦花前豈乏人風霜齒頰帶陽春江南野史餘芳論
絶世清如古逸民

歌梅

白雪聲中玉樹春乗鸞姑射倚雲聽曲中縹緲不知處
留得餘香繞翠屏

和

六片紅牙捧雪兒花前低唱怕花飛後庭玉樹空陳迹
白雪一聲人聽稀

友梅

紅紫紛紛逞豔顏朝開暮落費追歡孤山自有花如玉
能與幽人保歲寒

和

三益堂前世外人歲寒誰是舊雷陳知心千古惟松竹

冷淡相交始見真

寄梅

遠憑春信問知音離恨何如隴水深不是江南無所有欲君同識歲寒心

和

故人遥隔隴雲邊折玉傳香水驛寒江北江南重相憶只將春信報平安

惜梅

愛此幽姿清絕塵更憐歲晚獨相親相看不忍輕攀折

留取明年占上春

和

香銷涙污意徘徊掠地迴風玉作堆愁絕黃昏無一語

怕看孤月上窗來

夢梅

何處仙遊夢覺遲羅浮山下赴春期一聲吹徹霜天角

正是參橫斗轉時

和

玉篴聲飛江上樓芳魂驚曉動清愁覺來人問高巖下

曾見和羹傳說不

移梅

新劚孤根手自栽荷鋤和雨破蒼苔寒窗歲晚多清況

直伴幽芳帶雪開

和

湖邊鋤月換根基玉樹重栽樹不知種竹當年遺法在

須留宿土記南枝

譜梅

蘭蕙紛紛入楚辭孤芳獨有老逋知君今採摭增新賦
不負能詩杜拾遺

和

自古騷人雖著語何如宋璟獨知音秖緣彼此傍真操
寫出平生鐵石心

接梅

殘榦花疎可柰何貞心空自抱陽和與君試換冰霜骨
看取明年青子多
和
采玉金刀巧若神好枝分得續孤根待看夜雨蒼苔長
幻出春風不見痕
浴梅
寒鎖椒房氣未匀一沾恩澤頓精神冰肌瀅透渾無力
絶勝華清得寵人

和

玉骨清寒凝雪痕金壺香水浸來温餘波輕潑春風面

應是新承雨露恩

折梅

素手分開庾嶺雲閒花覓取一枝春隴頭驛使今無便

留向山窗几上芬

和

殘雪輕摇攬素肌故人應説寄來遲花時先假調羮手

選取東風第一枝

剪梅

手挽冰枝那忍摧莫教香雪涴蒼苔并刀輕斷稍頭玉笑引春風上鬢來

和

破玉并刀試手温香凝雙股斷芳䰟花隨燕尾輕分去不帶春風爪甲痕

簪梅

對雪看花可自由興來寧復爲花羞臨風一笑烏紗側

却勝黃花插滿頭

和

折玉臨風帶笑簪烏紗春滿酒厭厭少年莫訝頭如雪

猶勝梨花壓帽簷

粧梅

當年點額偶成真別是宮中一段春贏得世間傳故事

紛紛總是效顰人

和

五出風流拂面輕點成宮額映花明覺來不用窺鸞鏡

蝶粉蜂黄一洗清

浸梅一本云旋汲澄泉滿膽瓶一枝斜插置幽亭冰姿玉骨清如許隱隱風生入座馨

旋汲温泉養折枝冰花寒玉淨相宜從今借得恩波力

曾見青青結子時

和

插花貯水養天真瀟灑風標席上珍清曉呼童換新汲

只愁凍合玉壺春

別梅

東風吹夢返湖山玉減香消怨夜寒畢竟明年又相見

早將春信報平安

和

花對東風攪離思愁翻縞袂忍輕分月明相送臨溪水

春樹遙憐隔暮雲

咀梅

旋摘冰英帶雪飡清分齒頰不知寒屈平若諳多風味
未必專心嗜菊蘭

和

細嚼冰蕤齒頰馨詩脾冷沁有餘清靈均可惜不知味
却向秋風飡落英

羅浮梅

憶昔山前花滿村月明曾扣酒家門青禽一去無消息
冷落三生石上魂

和

高臥花林醉復醒不知月落與參横人生總是南柯夢
獨有師雄一夢清

庾嶺梅

誰種霜根大庾巔地高天近得春先枝南枝北元同幹
何事東風亦有偏

和

星河漾影浸寒梢甘與孤松結故交庾老品題今寂寞

蟠枝屈曲似潛蛟

孤山梅

逋翁老去句空傳寂寞林丘起暮煙惟有亭前數株玉自將開落度流年

和

種玉西湖獨占春逋仙佳句播清芬月明花落吟魂冷童子何之鶴守墳

西湖梅

藕老堤邊玉一林六橋風月是知音任他桃李爭春色
不爲繁華易素心

和

花發藕堤柳未煙主張風月小壺天清波照影紅塵外
冷看遊人上畫船

東閣梅

官亭把酒送行旌對雪看花值早春杜老飄零頭白盡
底須朝夕苦催人

和
元本闕此一首今攷韋德珪集補之

對雪蜀亭清興動因思何遜更多才倚闌人去花無主詩辟春深長綠苔

江梅

若有人兮湘水濱冷香和月浸黃昏自憐不入離騷譜待把芳心弔楚魂

和

尋香日日醉江邊更買扁舟花下眠酒醒潮生風力緊

掀蓮無奈雪漫天

山中梅

巖谷深居養素貞歲寒松竹淡相隣孤根歴盡冰霜苦不識人間別有春

和

春在雲根竹裏家霜林煙麓乍藏遮隅溪杖履徘徊處衹見香來不見花

清江梅

湛湛澄波映月輝娟娟寒玉浸琉璃分明一幅鵝溪絹
寫出當年楊補之

和

古樹煙籠碧玉流酒旗風勁暗香浮只今卧雪滄波上
幾見看花人白頭

溪梅

古樹横斜㵎水邊野橋村市獨暄妍玉堂路杳無心到
堪與漁翁繫釣船

和

香悄波寒月淡時山人散步水之湄一灣淺處卧蟾影欲盡欲吟心自知

野梅

花落花開春不管清風明月自綢繆天然一種孤高性直是花中隐逸流

和

烟泊水昏江路迷香寒樹冷雪垂垂玉堂夢寐無心到

絶似遺賢遁跡時

遠梅

羅浮山下度春風千里相思信未通安得移栽近茆屋繁花亂插向晴空

和

雪泥踏遍十餘里迢遰疎林接野橋何日移春歸院宇免教望斷玉人遥

前村梅

野老庄南天氣暖一枝常是占先春夜來幾陣東風迅
時有清香暗襲人

和

竹外踈花花外橋托根聚落任風饕一從茆店吹香後
踏雪來尋酒價高

漢宮梅

餙玉含香立未央不將顏色事君王後來玉樹緣何事
能使陳家怨國亾

和

玉破塵收迹已陳劉郎從古惜芳春新粧日照明妃燕
冷落長門拜月人

宮梅

素質蕭然林下風何年移植禁園中自從識得君王面
回首仙凡逈不同

和

長門月冷漏遲遲正是香愁粉怨時折得一枝無寄處

翻思紅葉好題詩

官梅

武昌湖上千株柳何遜揚州幾樹花爭似故山幽徑側

春風歲歲報新芽

和

螺牆蘚壁護蒼虬花落花開客去留誰是叅軍最相憶

迢迢從路到揚州

廨舍梅

却月凌風迹已陳水曹詩句尚清新如今不獨揚州種
江北江南總是春

和

種花官宇說揚州何遜多情憶舊遊二十四橋春暫歇
玉簫吹雪小紅樓

柳營梅

亞夫才畧動雄風手植冰花玉壘中不是將軍閒好事
為渠止渴藉成功

和

花寨穿楊月掛弓霜飛玉帳帶春風綠陰止渴將軍老

灞上應魁白戰功

城頭梅一云藝梅將士興偏嘉樹樹芬芳郭外斜應是陽春公造化幾番雨露挹冰花

止渴將軍築受降牘栽玉樹遍城隍天家雨露無私潤

頒布陽春被八荒

和

杖策尋芳近東郭女垣無月亦精神角聲吹徹霜天曉

十萬人家總是春

庭梅

闌干六曲護春風白雪生香滿院中夜靜月明么鳳下

半窗踈影傍簾櫳

和

曲欄干外玉成行猶似當年號國粧不是化工私冷豔

自緣紅紫怯冰霜

書窗梅

雪冷香清夜誦時十年辛苦只花知天公有意分蟾桂
先借東風第一枝

和

擬魁春榜冠瓊林對白抽黃幾夜深雪案香浮芸葉冷
平生清苦此時心

琴屋梅

三弄花間小院深玉人遥聽動春心清聲彈落冰梢月
喚起高懷共賞音

和

花月寒窗彈白雪冷然瀉出廣平心臨風三嗅還三弄
清極香中太古音

棋墅梅

萬玉成林覆石枰兩翁相對適閒情東風忽遣花如雪
絶似將軍入蔡城

和

孤山擬折東山屐白戰曹林望解圍妙斡神機先一點

落花隨子鬬斜飛

僧舍梅

瀟灑叢林玉一枝宿根曾是悟禪機分明勘破羅浮夢

特把緇衣換素衣

和

紫竹林中艾衲寒淨瓶曉折供金仙三生石上精魂在

清夜靜參花月禪

道院梅

玉骨清臞半似仙一枝斜倚法壇前月明花下人朝斗
依約瓊妃降九天

和

玉佩光寒白錦袍步虛人立月華高赤松仙友如相問
近日玄都不種桃

茆舍梅

昨夜春風入草堂籬根老樹發清香相思不必將詩寄
却恐題詩會斷腸

和

數椽草屋延清客竹作踈籬護雪葩不是玉堂無分到

且和明月寄山家

簷梅

儂家老樹臨書屋清夜看花睡不眠殘雪半消寒月上

暗香和影度踈簾

和

不礙丁東敲玉佩小簷風韻屬黃昏分明半幅推蓬畫

只欠枝頭月一痕

釣磯梅

渭川東畔春光早傍水幽花帶雪開一任風霜頭白盡
不隨漁父出山來

和

蒼苔石上老烟波手把長竿倚玉柯閒繫孤舟明月下
寒香一夜沁漁蓑

樵逕梅

窈窕若耶溪上路幽花的皪倚榛叢飄零不為樓頭笛恨殺朝南暮北風

和

峻嶺孤芳吐未勻半欹山路半為薪帶將擔上來城市饒取春風賣與人

疏圃梅

花發春畦菜甲新抽青配白喜知音芳魂也羡冰壺味來與先生話素心

和

剪韭春園香暗浮籬邊牆角試尋幽詩人一任花俱瘦

只願民無菜色憂

藥畦梅

懶入春風桃李塲董仙林下鬱清香不因青子能酸苦

安得神農爲品嘗

和

炎帝遺芳濟世珍園中百草讓先春調羹妙手能醫國

不說當年種杏人

盆梅

新陶瓦缶勝瓊壺分得春風玉一株最愛寒窗閒讀處

夜深燈影雪糢糊

和

月團香雪翠盆中小技能偷造化工長伴玉山頹錦帳

不知門外有霜風

雪梅

北帝司權播令新天葩凡卉鬬精神化工不讓花神巧
特與增添一樹春

和

五出花開六出飛玉肌寒擁素綃衣更看霽月同清白
一夜窗前瘦影肥

月梅

暗香浮動正朦朧古樹橫斜淺水中清景滿前吟不就
又移踈影過溪東

和

素娥姑射鬬嬋娟疎影分明不夜天散却廣寒宫裏桂春光常滿玉堂前

風梅

綽約肌膚不受吹飄香墮玉怕春知憑誰領取東君意傳語封家十八姨

和

花間少女剪春妍粲粲霓裳舞隊仙月夜還看環珮冷

莫教吹落玉花鈿

烟梅

瓊林浮翠淡朦朧遥望珠光隐現中一夜東風吹不散

曉看渾似碧紗籠

和

夢隔梨雲逗曉紈茖枝浮翠泥春寒不孅玉質籠輕素

留與詩人冷澹看

竹梅 宜題曰竹林梅

乘鸞姑射下羅浮鼓瑟湘妃出上遊邂逅江干話心曲
泠香幽翠不勝愁

和

浪說松林有美人何如倚翠渭川濱歲寒遮掩春風面
一日可能無此君

杏梅 宜題曰杏園梅

頳顏相映小桃紅賴有清香辨異同夜靜鼓琴花樹下
直疑身在孔壇中

和

董林驀地暗香傳淡淡紅芳照眼妍有客前村來問酒牧童誤指到花邊

苔梅

姑射仙人倚翠鸞濛濛香霧濕飛翰夜深舞罷霓裳落留得葱裙護曉寒

和

古貌蒼然鶴膝枝土花生暈護春機玉堂試看青袍客

莫忘江南有白衣

照水梅

玉樹臨流雪作堆寒光踈影共徘徊多情最是黄昏月
配合春風不用媒

和

一泓映出两南枝髣髴明粧對鏡時波面浮香天作底
芳魂浴雪影娥池

水竹梅

寒流浸玉映疎林翠袖綃裳冷不禁不向此中清淺處
誰能照見兩君心

和

波涵脩翠玉玲瓏院落清幽自不同冷浸湘雲帶疎影
一般瀟灑月明中

水月梅

浮玉溪邊夜未期暗香踈影静相宜一時意味無人識
只有咸平處士知

和

淺碧籠蟾醮玉痕乾坤清沁鏡中春黃昏照影成三絶
縱有華光寫不真

杖頭梅

短笻挑酒過西湖折得冰梢傍玉壺日暮醉歸山路險
風流不待倩人扶

和

玉鳩横影暗香飄絶勝江行掛酒瓢雪擁吟肩兩清瘦

一枝挑月過溪橋

擔上梅

有客孤山弔鶴歸半肩行李插踈梅街頭兒女不解事剛道賣花人已回

和

蜂蝶隨人紫陌賖挑將春色向誰家若逢公子休輕售不比街頭賣杏花

隔簾梅

玉堂咫尺有神仙翠箔籠春信不傳日暮相思雲樹杳

一泓秋水自娟娟

和

庭花映箔睦吟眸一片湘雲鎖暮愁風捲黄昏踈影動

珊瑚枝上月如鈎

照鏡梅

粧閣開奩對曉寒菱花影裏雪團團素鸞舞罷却飛去

留得芳容正面看

和

銅瓶養素近粧臺一照芳心對面開應是嫦娥厭丹桂

換將踈影月中來

玉遂梅

五月江城草木焦斷腸聲裏落英飄至今黃鶴樓頭怨

千古令人恨不消

和

誰家瓊管奏春風吹落江花曲未終黃鶴樓空人不見

一聲聲在月明中

水墨梅

烏府先生節操剛筆端凜凜綴冰霜不因面目顏如許誰信於中有鐵腸

和

香銷南國雲愁地影落西湖月暗天回首玉堂春夢杳一涵黑雨起龍眠

畫紅梅

瓊林宴罷醉糢糊霞臉生香美且都却恐醒來顔色改

春風染作折枝圖

和

一夜花房賜守宫丹青誰為寫緋容却疑卯酒傷多後

綃帳春寒睡正濃

紙帳梅

溪藤十幅簇春温時有清香入夢魂多少羅幃好風月

不知消得幾黄昏

和

春融剡雪道人家素幅凝香四面遮明月滿林清夢覺
白雲影裏見踈花

元翰林馮海粟作梅花百詠以索中峯禪師和韋師談笑間不踰日而盡荅之二公真梅花知己也今其詩裁冰鏤雪摹繪入神而逸韻藻思實堪伯仲于肅愍詩所稱海粟俊才應絕世中峯道韻不嬰塵者豈虛語哉和靖句不獨專美於前矣又有韋德珪集雖亦百首然八九皆中峯作而履靖所和百首則扯曳枯淡不堪與二公滌硯矣茲悉棄去止取二帙讎校而彙集之為梅花譜韻焉但中峯集獨闕東閣一題而韋集有之則偶逸於此而適存於彼信珠璣咳唾不容遺棄人間也爰為補入以成全璧仍俟攷訂云

予所見二公詩各有別本中峯集特字句偶異而海粟則有全首俱非者今細為研證蓋出於不解事者之妄改耳如矮梅詩云大材未必難為用禹殿雲深鎖棟梁蓋大禹廟中有梅梁馮正用此乃改云鎖杏梁豈以相如長門賦有飾文杏以為梁句耶與此何涉耶庚嶺梅詩云枝南枝北元同榦何事東風亦有偏蓋庚嶺梅南枝已落北枝方開有寒暖之異故摭遺梅花詩南枝向暖北枝寒一種春風有兩般正此意乃改云幾陣東風玉蕋妍何以與元同榦相照耶江梅詩云自憐不入離騷譜待把芳心弔楚魂蓋離騷備言蘭蕙蓀菊等花而不及梅故云然乃改云不入繁華境何以與弔楚魂相照耶遠梅詩云何日移栽近茆屋繁華亂插向晴空蓋用杜詩安得健步移遠梅亂插繁華向晴昊乃改云芳枝清馥散晴空何耶廨舍梅詩云却月凌風迹已陳水曹詩句尚清新蓋枝横却月觀花遶凌風臺正何遜本詩也乃改

云向日迎風遶檻陳則陳字當作何解耶且何以與尚清新相照耶夫此數詩者用事典雅曉然可據而率意妄改殊堪捧腹其他字句之拙贅者更不可枚舉本與履靖和詩同刻疑即履靖所改今觀其和東閣梅詩云何遜當年愛藝梅日登東閣手擎杯夫東閣官梅動詩興還如何遜在揚州此杜甫因裴廸寄詩而及遜非遜事也又觀其補隴頭梅云逝水滔滔不復西隴頭驛使路無稽夫折梅逢驛使寄與隴頭人此陸凱寄梅贈范曄詩也時凱居江南曄居長安則梅寄隴頭人非隴頭有梅也今錯悞若此豈非不解事者乎則履靖之詩可知矣馮詩之為履靖所改抑又可知矣予惟從元本稍參校之而附記之如此

夏洪基識

梅花百詠

梅花百詠附録

元　釋明本　撰

和馮海粟作

自香自色自精神察變知機始悟真梁宋已前渾未識羲皇而後有斯人兩三蕋得奇偶象南北枝分混沌塵

勘破本根玄妙處一團清氣一團春

見非恍惚夢非神雪後霜前分外真疎影暗消三弄月半聮凄斷獨吟人歲寒揺落孤根在江驛荒凉往事塵

碎嚼幽香清可挹玉奴無復更臨春

辨得孤吟為寫神花光何必更傳真細看古道臨風樹

疑是西廂待月人半醉半醒烟外玉欲無欲有雪中塵

綠衣起舞羅浮夢知有凡間幾度春

說到幽芳倍爽神更當親見去年真乾坤一夜開吟骨

風雪半山來故人清籟無聲含道氣凌波有步起香塵

知心妙在琴心外三疊盈盈十指春

環珮飄飄見谷神幾生脩得到清真玉皇案裏三千載

青帝宮中第一人羌管有心催造化楚騷無語笑音塵
從今不慣羅浮熱冷淡相看萬斛春

爍爍飛瓊妙入神風前應欲問其眞暖來東閣詩成趣
寒沁孤山鶴嗅人酷愛應何行素志生憎徐庾墮嬌塵
碧奩對影禁清瘦香落枯梢水亦春

羞學時粧媚洛神半溪澄碧自疑眞青開掀眼好窺容
黃撚蜂鬚冷笑人沉水醒回鴛井夢屏山斷隅馬嵬塵
錦窠行樂相思地幾點微酸薦晚春

潛心物理自通神參透先天面目真萬古不磨枝上易
一華自識畫前人陽明氣象夜亭午靜極胚腪曉閣塵
三十六宮生意古托開宇宙未成春
玉簫起處暗驚神曲暖瑤臺逸韻真泉石幾年雲冷鶴
關山萬里月愁人香凝老樹調風味影落寒窗枕隙塵
檀板金樽久岑寂微吟不減昔時春
忽向林間見玉神或疑真處又非真九天靈魄有生意
一般新粧出內人斜照窗紗斜照水半隨風信半隨塵

詩翁不解全身瘦寫入溪藤萬種春

生香不斷瞎迷神誰倩逃禪盎所真漢水弄珠寒照影

松風飄袂夜驚人可能讓雪三分白敢掠遊空一點塵

浩氣騰騰天已上肯隨花月趂夭春

巖谷幽棲獨煉神山靈有意共成真半枝殘雪定中衲

一片野雲方外人作如是觀清淨種照無色界幾千塵

天機尚有寒消息未遣野猨啼破春

冉冉天風氣逼神吟邊清想亦通真小窗相對初疑雪

明月一來如有人應物現形須變識即空是色總歸塵
憑誰問取枝頭意太極圖中字字春

目送空山遠駐神似曾相識倍情真半牀素被鋪寒玉
一幅生綃畫美人爽入冰姿欺國色悵隨哀曲黯京塵
三郎正愛霓裳舞珍重椒房自惜春

花前月下暗凝神一鶴西來訪子真蒼鬢黯憐姑射面
素衣夜怯廣寒人大千世界迷香霧十二樓臺鎖玉塵
箇裏玄關誰為問如何藏得許多春

精采悍悍照水神清孤映出本然真瓊田萬頃無情夜
鐵笛一聲何處人呵凍成吟寒徹骨迎風含笑黯驚塵
繁華暗裏誰招得又為明年釀小春
一夜風神約海神盡將天巧賦瓊真烟霜深處埋踪跡
水月光中見侶人寳鼎收香清曉夢冰梢掛影絶飛塵
放翁憶共芳花晏百榼淋漓滿屋春
玉為丰骨水為神探得前村意思真種在范先誰治講
愛從逋後正愁人禹梁深鎖龍蟠跡蜀滕吟餘鶴糶塵

猶記石屏曾止渴獻冰分碎一壺春
白雲堆裏曉飛神道骨脩然一太真古岸埋香多是雪
寒巖欺影四無人因風寄遠愁應老坐雨辭根恨未塵
賸欲巡簷賦歸隱共君心事答閒春
雪天添得好精神似向瓊寒訴玉真一點芳心憑驛使
半梢清影伴詩人消沉今古醉中趣葬盡風流瘦外塵
君若有情終有待肯教空老故園春
斷橋斜處挹花神認得花神體態真肯向黃昏求對月

未應太白敢驕人冰霜冷面磨堅操鐵石剛腸壓軟塵
斗轉參横情耿耿不禁吹逗麗譙春
誰將幽懶癖心神白石清泉養性真山脚暖融三尺雪
林端香引太初人嫩椒綻粉迎先旆老蜜塗黃壓後塵
試向静居閒探索六陰極處獨回春
征路愁迷黯連神穿林入谷自尋真亭亭有意冷移玉
默默無言空悵人夢斷陽臺半雲雨淚空青塚幾沙塵
餘芳消歇繁華起野水蒼烟意自春

記得瑶池已出神浪滔物表快登真東君着意憐深雪
午夜吹香動玉人官路野橋應遣興雪階月地不生塵
有時空撚青梢憶愁裏狂呼軟脚春
凄涼庭館獨棲神疑是廬陰立詠真一雪不知園裏樹
萬妃渾似月中人愁思曉夢徘徊意清隔玄都縹緲塵
誰道此生羞淡泊最高寒外有餘春
不知若箇主天神放出仙扃一貌真舞袖自憐回雪意
横簫應記浣紗人王恭鶴氅還同潔嚴子羊裘未必塵

看到夜涼奇絕處不須銀燭照青春

鱗鱗鮮樹暗藏神幻得幽香意度真天地中間一清友

湖山隱處九原人誰能酌酒歌遺些我獨攜詩弔往塵

若使相逢二三月兎葵燕麥亦傷春

眼花落井眩雙神雪步迢迢見欲真淡墨畫圖橫玉影

黄昏庭院倚闌人唾絨猶認窗前跡啼粉空餘鏡面塵

消得黄金鑄成屋年年雪裏貯芳春

曾約菩提一樹神浣花深處共參真雪深林下維摩室

月落岩前面壁人七返九還觀色相三空四諦悟根塵頭頭縱是華嚴界野室孤雲自在春

丹青誰為巧傳神延壽雖工未即真日外空居瑶珮影雲邊愁老綠衣人饑蜂冒雪身遊絮病鶴眠苔跡妬塵白玉堂前纔一樹重重門戶不關春

江風歲晚暗傷神忽見南園曉樹真竹外橫斜驚木客水邊梳洗妒冰人羞將獺髓明塗臉忍使龍涎暗濕塵吟興已隨天際去應須踏雪遠尋春

風消雪暖氣浮神踏遍苔痕未見真一曲香山半窗月
千年華表九霄人檀心遠覺雲情薄玉態回看粉黛塵
可惜柴桑無隻字重令遺恨幾經春
江路行行冷襲神不知何地覓玄真豈無明月共千里
曾對此凡今幾人終古歲寒堅好友滿空冰雪洗襟塵
我還擲筆脩書史名節輸君獨擅春
溪光山色曉開神冰柱擎天太逼真清傍小橋低壓雪
冷凝隻眼半窺人釵横亂鬢粘雲影玉滑酥融却醉塵

何處追遊張步帳獨嬿純素不描春

誰遣東皇太乙神來從花下會羣真玄裳縞袂雪堂賦

玉骨冰姿月殿人靜覺寒波嬌入澑動疑香霧細飄塵

此身却老清陽景免得兒家一笑春

水中仙子鏡中神夜夜相携入夢真隴鴈哀殘埋玉地

朔風吹老弄蟾人寒添灞上雙眉凍愁壓江南幾屐塵

雪裏不嫌情味苦一枝占斷九州春

殘紅苞蕚半怡神始向窮邉露一真銀錯落中香入酒

玉嬋娟外影隨人素襟挽雪情無奈寒鴈凌空不洗塵
莫遣年殘惰行色過年猶對物華春

紛紛雪月是清神況有揚州句入真傍水似看脩禊事
飛鈿應學墮樓人三生石上驚前夢羣玉山頭出世塵
空對蔚宗懷陸凱折來不寄一枝春

誤將素月比容神强自猜疑恐未真雪裏苔枝迷半樹
郵傳香信寄何人子卿對雪寒驚膽蔡琰聞笳恨入塵
應向崑山採瓊蘂鍊成䰟魄傲長春

逋仙一去筆無神幾向湖濱憶素真影瘦橫舒青玉案
月香冷浸白衣人霜禽偷眼寒餘在紙帳孤眠絕夢塵
我亦清癯心似鐵醉吟新句重憐春
天將青白賦姿神自有生來只任真茅舍凄涼閑縱步
玉堂富貴一陳人淡烟斜月籠寒玉流水行雲恨遠塵
兀兀窮仙慣憔悴醉眠石枕暗酬春
年來嶺嶠獨遊神琪樹林中骨相真曉起白迷煙外策
夜深寒醒酒邊人玉環飛燕還驚幻西子王嬙總泣塵

爭似枯荄亘今古陽和連處自然春

水村雲郭慣馳神閑淡生涯自得真李氏香中半孤影
林家鶴外一全人横溪笑我吟心苦隋砌羞渠醉眼塵
千種芳菲總凋喪還因底事獨行春

愁歸竹錦謾勞神幾樹參差意未真雲外遠疑持漢節
山深近似避秦人半梢破萼猶疑竚一翅騰空不礙塵
多謝化工憐寂寞夜闌留月伴嬌春

瓊林瀟灑儘丰神誰道瑶英敢奪真老眼驚看江上路

孤身愁憶隴頭人冷浮岑嶽回新棹清入流箐逐黯塵
瘦不勝衣雲態嫩闌干月午奈何春
夜半霓裳悅羽神寒蟾皎皎露天真山中便覺有詩思
江外自來無俗人百斛量珠丸絢色幾枝鬭綠傲芳塵
伊誰錯作梨花夢喚起閒愁斷送春
花裏相從問鶴神何當蛻骨似西真八千勇士衝冠氣
百萬巔崖辟穀人老去但知雲水癖生來未識綺羅塵
幾時心緒渾無事閒却江頭醉晚春

橫影伶仃似有神半清淺處獨呈真數枝冲淡晚唐句

一種孤高東晉人上苑清房誰耐雪廬山玉峽肯蒙塵

是中天趣那能識惜被東風漏洩春

憶得年時夢裏神分明自識廣平真嫩寒初透臘前藥

老氣欲騰天上人誰御鉛華掩晴晝肯將縞帶落囂塵

深冬冬勝有生生意粉蝶如知更恨春

借問司華后土神向來玉蕋幾分真縞衣香引張帆駕

白扇寒遮舉轡人羞淡獨能償素約偷閑未肯沒黄塵

狂吟若也天知道瘦得天公更怯春

俠骨稜稜氣骨神庭前剛被月摹真苔封石壓何年樹
雪虐風饕孤節人佳瑞似開鸞羽彩偷妍不襯馬蹄塵
粲然玉骨誰同笑忍道靈妃亦訴春

霜風吹起半空神綽約仙裳見道真照日不消涼雪豔
衝寒欲訪暮山人羅屏翠幕堪圍玉紫陌紅樓敢抗塵
幾立溪橋愁正遠暗香清透一腔春

山深深處冷搜神羔蕋含枝識幻真吟對瘦憐寒夜影

折看愁殺故鄉人水雲弄月成三變玉雪吹涼試六塵
堪笑插桃評鬼智漆園應是重慚春
吟損東溪百倍神謫仙共我寸心真幾明幾滅月中魄
三沐三薰玉表人雪欲肆欺空亂眼風還薄惡不粘塵
杏娼歎息開元宴應恨孤園早占春
夜來曾共洞天神飛向仙都對九真鐵面冷於吹劍客
石心深似嗅蘭人枝橫月觀瓊瑤珮片落風臺玉粉塵
玄鶴無聲唳空濶短歌一醉太和春

花於雪裏獨稱神點出寒珠顆顆真先領一陽來故日
應從九地作歸人香中別韻開清境世外高情作暮塵
回顧武陵溪畔客幾村烟水尚迷春
一味由來具一神枯槎獨占木中真形多有意相干月
香本無情自動人嶺表冷雲迷遠望江南晴雪掩輕塵
千林喚醒幾黃落分付伊初笑領春
紛月披風巧照神龍綃半露玉為真泠光自照眼前色
癯影欲欺雲外人鳳隻鸞孤情悒獨麝溫屏暖景消塵

睡棠只解成妖夢未識山間一段春

寒勒花遲欲養神青陽早把膽窺真蜂胎蟾魄長生殿

玉液金膏得道人變態似同雲出岫背時不與俗同塵

洛中紅白誰家女還憶元微滿座春

夜窗吟入靜畱神調護風寒問趣真一氣不諧三益友

十年又送幾佳人紛紛著樹烟凝雪漠漠浮雲月漾塵

乞與徐熙畫新景未應傳得筆頭春

自是蓬壺陸地神黃雲踹襪訪溪真仙容不老最羣輿

浮子無詩可對人靜愛龍舒參眼識愁憐江總落歌塵
榕風亭下雷連處悽慘荒荆忍放春
凍影誰憐野外神踈踈淡淡自脩真幾苞含白半凝淚
一信清香太惱人風雨起予懷舊感江山悔我老紅塵
角哀已矣伯桃死此日空遺雪對春
夢來曾憶二郎神花影愁端語最真月浸一庭寒水玉
夢驚孤枕斷腸人不堪往事從頭看總欲新詩得句塵
啄木敲門窺我醉四山寂寂鳥啼春

憶昔君平勘卜神青衣應是日時真雲開巫女多嬌面
浴出楊妃一麗人竹葉杯浮苔砌月豆荄灰暖紙窗塵
驚春恐落羣芳後先到名園逐上春

結綺吟餘暗愴神東昏猶自紀前真七哀有感驚愁眼
一白空深惜幻人幽興遠迷蔥嶺雪寒花清洗洛陽塵
想應飛墜仙京去鈿合金釵誰寄春

萬花同氣不同神玉粒孤標迴出真雪外驚看三五蕋
山中知識幾千人香還有分歸吟料影欲無眠效幻塵

役損東君吾老矣可曾羞妒錦宫春
遺情極像白拈神仙與吟翁意氣真月曉憶同林外飲
酒醒愁悵曲中人荒溪獨照山初静寒影相持雪亦塵
每惜半簷風露重起披玉毿伴瓊春
紫微垣裏一魁神謫向蓬瀛領衆真十月具形分浩氣
九靈司命註瓊人危根必露應知妄種智圓明不墮塵
地位清高太孤潔瓣香拜盡世間春
廣宣筆法幾摹神妙得花中品格真點雪半粘風外蹟

片烟橫隅竹西人孤能入眼涼詩觀清欲飛空拭瘴塵

憶到霜鐘趂粧飾年前年後為誰春

朶中飛下玉霄神仙韻嬌姝一粉真冰曉浴乾銀浦水

雪籬愁損草堂人名姬駿馬空詞筆廢苑荒臺老戰塵

凍埜滄茫天四慘兩行啼鴈獨傷春

瞥聞香過欲飄神林迴風清水漾真空外忽來花鳥使

雲端應占蕋宮人許瓊飛栢愁擎句弄玉排簫點落塵

引領羣仙朝帝所大羅天上遠生春

霜雪園林幾役神天憐吟客對空真一爐荀令香澄水
半豔徐妃粉媚人愁絶不禁傷歲暮情深渾斷怨風塵
古根已學蒼龍勢怪底嚴冬早發春

黄埃滿眼正昏神愁見踈林幾朶真南國有香薰醉夢
北風如陣戰羈人十分孤静偏宜曉一味清新不染塵
瘦島寒郊誰喚起坐間吟對玉堂春

天開奇觀付詩神慘淡經營歲暮真傳説空中長記夢
灞陵醉裏半疑人逾年藏白應棲粉對雨聞香似隔塵

失笑喬釗水芍藥空嫺妖冶鬬妍春

嵐陰飛處瞎迂神窸吐孤芳自適真倒影欲窺臨水鏡

斜枝似傍有情人海寧夔峽幾清曉金谷銅駞一聚塵

懷遠何須歎遲暮滿頭白髮且簪春

一樽酬罷楚江神芳信冥冥欲受真總道無情還有思

勿疑是影又非人雪消頓覺雲隨夢月落難聞笛怨塵

最是客情眠不穩擁衾危坐黯愁春

驂鸞駕鶴下三神病眼雖昏看亦真霽曉一沉斜影月

鈞天九奏步虛人粉霜寒泣瓊闌淚蘭麝清飄素襪塵
好似虹霓屏上景温泉宮裏各呈春
騰騰天中放谷神羣仙騎鶴正朝真淡烟絶色本何種
入聖超凡只此人老大暗驚殘歲月寂寥空對古烟塵
問渠橘隱應知否變作飛龍有幾春
花間一見上林神冷看烟霏半煩真手撚梢頭痕記月
眠醒香外氣迷人濕雲不連藏深碧殘雪初消盎暖塵
羣木自知天意惜直從身後始爭春

御爐薰徹太羅神永夜横杓對七真浩刼罡風開梵氣
清浮弱水度星人綠毛么鳳羽翻譜丹咢胎禽跡化塵
獨媚玄英長不老海桑知變幾番春
月色微明誤變神綠臺弄粉記顔真要知翠羽空陳跡
未必雞林曽化人孤恨遠看鶯薄暮新詩故夢悵前塵
凍蛟危立寒鱗甲縱有青錢不買春
飛爽浮幽逞雪神空江烟浪自愁真本無世上傾城笑
曽向軍前止渴人曝暖醸寒時逐蹟梳風洗雨意超塵

山川凍斷精靈氣獨為殘年作好春
妙向羣芳玩五神空中疊疊似怡真月天花地幾心事
江國溪山一主人欲笑還愁羞解語乍來忽去眇遊塵
芳姿不怕消磨盡半點溫柔爾許春
粉輕衣冷獨消神未許瓊花巧妒真一派珠幢迎羽客
半機冰織駐鮫人移將天上行霄魄化作樽前弄影塵
惟共水曹標粉序臨風灑落兎園春
螭身虬尾老形神吐出生枝色鬭真雲興欲乘遊剡棹

露花應恨射鵰人宜風宜雨寒滋韻含怨含情曉沐塵
一領年芳如赴約何須羯鼓更喧春
困坐無端遣睡神忽來詩思欲升真逢君雪月雙清侶
老我風霜百感人身世飄零知有恨心腸冷淡暗羞塵
從教物態隨年改日暮天寒不計春
萬玉園庭照萬神懶能短幅對斜真吟看庾嶺浮香意
清壓巴山噀酒人月殿霜宮憐舞影冰崖蘚壁障浮塵
望中或見胭脂雪一樣情懷兩樣春

不遮一葉露全神似見風流賀季真天與吟情開太古月兼清影恰三人寒欺雪岸有餘白清灑冰簷不到塵

但見新題緇凍肆倚闌當看大家春

五出堂堂奪衆神獨於静處見孤真栴檀國裏天然韻簷葡林中玉樣人臈雪幾回埋不死寒泉一點淨無塵

世間萬物知多少敢向枯梢鬬早春

緑窗深鎖筆頭神健步移來影脱真風惜怡渠有清致平生喜我作幽人杏奴惟好曾前席礬弟高風又雨塵

忍向臨卭識杯酒一分牢落一分春

清脩不做五方神烟外誰開半額真淚眼未晴寒滴乳
白頭如雪老催人長天蒼莽增遺慨遠水微茫泯去塵
安得唐昌重邂逅快鞭追騎玉峰春

勒住霜林萬古神香根杳杳出花真巖隈弄月驚山鬼
牆外迎風笑路人玉潔冰清宜抹素粉消骨朽不隨塵
九英射隙光芒起元稹文章拍拍春

縱有多情不亂神笑渠桃李乞餘真翠生寒袖愁籠月

玉墜嬌雲酷傍人三十二天來隱韻幾千百刼入空塵
壽陽去後遺風遠搔首含章一夢春

瘦倚疎籬出半神雪風吹面冷含真晴矄香素誰邊玉
影暈冰簷若個人已見狂蜂先採採肯隨夢蝶久成塵
寒林忽忽東方白愁醒一瓢天地春

海角天涯憶故神村村烟雨未逢真南寒北暖變騷體
西沒東生逐往人幸有老坡衣鉢在空憐和靖屋簷塵
集英記得曾遊地回首慈恩點點春

尚無容色氣何神道力堅凝鐵鑄真受死忍寒憐老骨
回光返照見孤人天孫巧約知誰測仙客清標不自塵
半夜忽來雲外鶴蓬萊宮主鬪先春
收拾餘香薦肉神雲端隱隱見靈真館娃宮近鳳城暖
綠萼堂深艮岳人曉角繁滋高樹外寒姿消落碧天塵
誠齋新有憑妖説驚散桃符句裏春
幽爽玲瓏自悦神相逢渾欲問仙真水花晴涴湘妃淚
露竹寒驚越地人風月夏盟千載上江天涼觀一時塵

排枝遂翠休疑似細咏昌黎雪共春

有句安能泣鬼神孤鸞妙曲逐希真夜深瘦影偏宜月

雪後清香欲沁人東閣共來吟正苦西湖可往跡應塵

功成調鼎君知否要使熙熙宇宙春

花開臘底覺仙神一種靈根絕妙真五月熟成金彈子

三冬蘸綻玉樓人麗公遠涉來推勘常老端然不惹塵

箇樣酸心誰委悉肯同雪曲與陽春

梅花百詠附録

仿古版文淵閣四庫全書

集部・梅花百詠 附錄

編纂者◆（清）紀昀　永瑢等
董事長◆施嘉明
總編輯◆方鵬程
編印者◆本館四庫籌備小組
承製者◆博創印藝文化事業有限公司

出版發行：臺灣商務印書館股份有限公司
台北市重慶南路一段三十七號
電話：(02)2371-3712
讀者服務專線：0800056196
郵撥：0000165-1
網路書店：www.cptw.com.tw
E-mail：ecptw@cptw.com.tw
網址：www.cptw.com.tw

局版北市業字第 993 號
初版一刷：1986 年 5 月
二版一刷：2010 年 10 月
三版一刷：2012 年 10 月
定價：新台幣 900 元　A7620253

國立故宮博物院授權監製
臺灣商務印書館數位製作

ISBN 978-957-05-2770-4

國家圖書館出版品預行編目 (CIP) 資料

欽定四庫全書．集部：梅花百詠／（清）紀昀，永
瑢等編纂．-- 三版．-- 臺北市：臺灣商務，
2012. 10
面；　公分
ISBN 978-957-05-2770-4（線裝）

1. 四庫全書

082.1　　101019726